湖北省地方标准

公路工程地质钻探技术规程

Technical specifications for geological drilling of highway engineering

DB 42/T 1498—2019

主编单位:湖北省交通规划设计院股份有限公司
批准部门:湖北省市场监督管理局
实施日期:2019 年 04 月 28 日

人民交通出版社股份有限公司

北 京

图书在版编目(CIP)数据

公路工程地质钻探技术规程：DB 42/T 1498—2019 / 湖北省交通规划设计院股份有限公司主编. — 北京：人民交通出版社股份有限公司, 2020.5

ISBN 978-7-114-16530-6

Ⅰ. ①公… Ⅱ. ①湖… Ⅲ. ①道路工程—工程地质勘察—技术规范—中国 Ⅳ. ①U412.22-65

中国版本图书馆 CIP 数据核字(2020)第 081028 号

标准类型：湖北省地方标准
标准名称：公路工程地质钻探技术规程
标准编号：DB 42/T 1498—2019
主编单位：湖北省交通规划设计院股份有限公司
责任编辑：王海南 李 沛
责任校对：孙国靖 扈 婕
责任印制：张 凯
出版发行：人民交通出版社股份有限公司
地 址：(100011)北京市朝阳区安定门外外馆斜街 3 号
网 址：http://www.ccpress.com.cn
销售电话：(010)59757973
总 经 销：人民交通出版社股份有限公司发行部
经 销：各地新华书店
印 刷：北京市密东印刷有限公司
开 本：880 × 1230 1/16
印 张：2.5
字 数：58 千
版 次：2020 年 6 月 第 1 版
印 次：2020 年 6 月 第 1 次印刷
书 号：ISBN 978-7-114-16530-6
定 价：30.00 元

目　　次

前言

本规程按 GB/T 1.1—2009 给出的规则起草。

本规程由湖北省交通规划设计院股份有限公司提出。

本规程由湖北省交通运输厅归口管理。

本规程起草单位：湖北省交通规划设计院股份有限公司、中交第二公路勘察设计研究院有限公司、湖北省交通投资集团有限公司、武汉综合交通研究院有限公司、中国科学院武汉岩土力学研究所。

本规程主要起草人：王国斌、程江涛、代先尧、陈军、王红明、邹东林、陈银生、许天祥、张俊瑞、尹其、易哲、罗红明、丁德民、王艳兰、周俊书、沈峰、雷万雄、陈禹成、余坚、熊巍、熊平高、杨应波、胡五洲、任靓蓓、程庆华、蔡洁、柏立懂、孟云、朱泽奇、戴张俊。

本规程由湖北省交通规划设计院股份有限公司、中交第二公路勘察设计研究院有限公司、湖北省交通投资集团有限公司、武汉综合交通研究院有限公司、中国科学院武汉岩土力学研究所负责解释。

本规程实施应用中的疑问，可咨询湖北省交通运输厅，联系电话：027-83460670，邮箱：2651259230@qq.com。对本规程的有关修改意见、建议请反馈至湖北省交通规划设计院股份有限公司，联系电话：027-84739663，邮箱：332788683@qq.com。

引　言

为提高公路工程地质钻探水平，规范工作方法与技术要求，保证钻探技术先进、经济合理、施工安全，结合公路钻探的特点，特制定本规程。

本规程是在充分研究国内有关钻探方面的技术标准和较为成熟的方法、技术基础上，认真总结公路工程地质钻探实践经验和科研成果，并以调研的形式充分征求了湖北省有关单位和专家的意见，经修改完善，最后经审查定稿。

本规程对公路工程地质钻探的准备工作、钻进方法、常规钻探、水上钻探、水平及斜孔钻探、水文地质钻探、护壁堵漏、钻探质量、钻探安全要求进行了规定。

公路工程地质钻探技术规程

1 范围

本规程规定了公路工程地质钻探的准备工作、钻进方法、常规钻探、水上钻探、水平及斜孔钻探、水文地质钻探、护壁堵漏、钻探质量及钻探安全要求。

本规程适用于湖北省公路工程地质、水文地质钻探、物探及孔内孔间测试的钻探工作。

2 规范性引用文件

下列文件对于本规程的应用是必不可少的。凡是注日期的引用文件，仅注日期的版本适用于本规程。凡是不注日期的引用文件，其最新版本（包括所有的修改单）适用于本规程。

GB 50021 岩土工程勘察规范

GB 50027 供水水文地质勘察规范

GB/T 50585 岩土工程勘察安全标准

JTG C20 公路工程地质勘察规范

JTG E40 公路土工试验规程

JTG E41 公路工程岩石试验规程

JGJ/T 87 建筑工程地质勘探与取样技术规程

SL 188 堤防工程地质勘察规程

CECS 240 工程地质钻探标准

3 术语和定义、符号

下列术语和定义、符号适用于本规程。

3.1 术语和定义

3.1.1

工程地质钻探 engineering geology drilling

利用钻进设备，通过采集岩芯或观察井壁，探明地下一定深度内的工程地质条件，补充和验证地面测绘资料的勘探工作。

3.1.2

水文地质钻探 hydrogeological drilling

为查明地下水埋藏条件、含水层的富水性和确定水文地质参数等，利用钻机钻进地层，采取试样，并做水文地质观测和试验的勘探工作。

3.1.3

岩土可钻性 rock and soil drillability

由于矿物成分和结构构造不同岩土所表现的钻进难易程度。

3.1.4

回转钻进 rotary drilling

通过回转器或孔底动力机具驱动钻头回转破碎孔底岩土的钻进方法。

3.1.5

冲击钻进 percussion drilling

借助钻具重量，在一定的冲程高度内，周期性地冲击孔底的钻进方法。

3.1.6

振动钻进 vibro-drilling

用振动器产生振动实现破碎岩土的钻进方法。

3.1.7

螺旋钻进 auger drilling

利用螺旋钻头转动破碎孔底岩土的钻进方法。

3.1.8

冲击回转钻进 percussion-rotary drilling

在回转钻具上安装冲击器，利用液压（风压）产生冲击，使钻头既有冲击又有回转的综合性钻进方法。

3.1.9

冲洗液 flushing fluid

钻探过程中孔内使用的液体、空气、气液混合物等循环冲洗介质的统称。

3.1.10

护壁 hole wall protection

利用泥浆、黏土、水泥浆、化学浆液、套管等保护钻孔孔壁的工艺措施。

3.1.11

岩芯采取率 core recovery percent

采取岩芯长度之和与相应实际钻探进尺之比，以百分数表示。

3.1.12

岩石质量指标 rock quality designation

用直径75mm（N型）双层岩芯管和金刚石钻头在钻孔中连续采取同一层岩芯，所取得的长度大于100mm的岩芯段长度之和与相应钻探回次进尺的比值，以百分数表示。

3.2 符号

DZ——地质管的材质；

HRC——洛式硬度指标；

RQD——岩石质量指标。

4 总则

4.0.1 公路工程地质钻探应以勘察大纲及实施细则为依据，并应根据钻探目的、钻孔深度、地层岩性等编制作业指导书，合理选择钻探设备、钻探方法及钻探工艺，并做好安全防护、环境保护和水土保持工作。

4.0.2 设计进行孔内和孔间物探测试的钻孔，孔径和孔深应满足测试的要求，必要时需预置相应要求材质的套管。

4.0.3 钻孔开钻前应做好技术交底和安全交底工作。

4.0.4 公路工程地质钻探钻孔位置、孔口高程应用仪器测定。

4.0.5 钻探作业应做好钻进过程记录，主要包括：回次进尺、取样深度、岩芯采取率、钻进情况、地下水位量测等。

4.0.6 钻孔地质编录应及时、准确，主要包括：地层岩性、换层深度、取样等。

4.0.7 废弃冲洗液或泥浆应运送至垃圾填埋场或当地环保部门指定场所。

4.0.8 钻孔完成后应按要求回填封孔,并做好记录。

5 钻探准备工作

5.1 作业指导书

5.1.1 钻探工作开始前应编制项目作业指导书,并包括下列内容:

a) 钻探目的和要求;
b) 场地的自然地理条件、地层岩性,管线设施等;
c) 钻机选型、钻进方法及钻进工艺的选择;
d) 典型钻孔的设计;
e) 钻探进度计划;
f) 取样和孔内测试要求;
g) 设备、材料、人力资源计划;
h) 孔内事故预防措施;
i) 钻探质量、安全、环保及职业健康、水土保持等保证措施;
j) 其他。

5.1.2 对深孔、水平孔、斜孔以及其他有特殊要求的钻孔应单独编制作业指导书。

5.1.3 布设在不良地质地段的钻孔,应编制应急预案。

5.2 孔位测量

5.2.1 钻孔测量应采用全站仪、全球定位系统(GPS)、北斗卫星导航系统(BDS)等工程测量仪器布设工程地质钻探点。

5.2.2 公路工程地质钻探点的测量应符合下列规定:

a) 钻探点位置定位误差:陆地不应大于0.1m,水中不宜大于0.5m,当水深流急,固定船困难时,不应大于1.0m,并应在套管固定后核测孔位。
b) 钻探点地面孔口高程误差:陆地不应大于0.01m,水中不应大于0.1m,受潮汐影响的桥位,孔口高程测量应进行实际孔深换算。
c) 钻探完成后,应复测钻探点的平面位置及孔口高程。
d) 钻探点位置应以坐标和里程桩号表示,并做好测量记录。

5.3 钻机选型

5.3.1 钻机选型应根据设计孔深、孔径、岩土可钻性、取样与测试等因素综合确定。

5.3.2 钻机标定的可钻进深度应大于设计孔深。

5.3.3 最小终孔口径应根据取样及测试要求确定,宜按表1选用。

表1 终孔口径

钻孔性质	第四系土层(mm)	基岩(mm)
岩土试样钻孔	≥91	≥76
原位测试钻孔	大于测试探头直径	
压水试验钻孔、抽水试验钻孔	≥110	≥76

5.3.4 岩土可钻性分级应符合附录A的规定。

5.3.5 钻探机具选取应符合取样与测试规定:

a) 采取Ⅰ级、Ⅱ级土试样的钻孔,孔径应比取土器外径大一个径级,土试样质量等级划分应符合表2的规定。

b) 不同等级土试样的取样工具和方法宜按附录B选用,取土器的技术规格应符合附录C的要求。岩土试样直径应符合JTG E40和JTG E41的规定。

表2 土试样质量等级

级别	扰动程度	试验内容
Ⅰ	不扰动	土类定名、含水率、密度、强度试验、固结试验
Ⅱ	轻微扰动	土类定名、含水率、密度
Ⅲ	显著扰动	土类定名、含水率
Ⅳ	完全扰动	土类定名

注1:不扰动是指原位应力状态虽已改变,但土的结构、密度和含水率变化很小,能满足室内试验的各项要求。

注2:轻微扰动是指除了原位应力状态已改变外,土的结构也有轻微变化,强度和固结试验成果可能有较大的失实。

5.4 场地的三通一平

5.4.1 场地面积应根据钻孔位置、钻探设备、安装方法、地形条件等因素确定,且应尽量控制占地面积,减少对环境的影响。

5.4.2 场地平整应满足平整、稳固的要求。

5.4.3 设备进场前应做到路通、水通、电通。

5.4.4 场地三通一平应保证施工安全要求。

5.5 钻探设备安装

5.5.1 钻探设备安装应满足平稳、牢固、安全的要求。

5.5.2 钻探塔架安装应符合下列规定:

a) 竖立塔架应在机长或机长指定的专人统一指挥下有序地进行。

b) 塔架上应设有扶梯或脚蹬,施工高度距离安全地面2m以上时应系安全带,严禁将螺栓、螺帽、工具等放在塔架上。

c) 安装塔架时严禁上下交叉作业,严禁在塔架上向下抛掷物件。

d) 应满足净距、净空的安全要求。

5.5.3 钻机安装应符合下列规定:

a) 钻机安装应平稳,精度要求。

b) 皮带安装应松紧适度,保证传动平稳,机座与基台的连接螺栓应拧紧。

c) 传动皮带、链条、万向轴应配备防护栏杆、防护罩或防护盖板等安全设施。

5.5.4 钻具、取样器等设备安装应符合CECS 240的规定。

5.5.5 钻探施工前应进行安装调试验收。

6 钻进方法

6.1 一般规定

6.1.1 钻进方法及钻进工艺应根据岩土类别、可钻性分级和钻探技术要求综合确定,钻进方法应符合 JTG C20 的规定。

6.1.2 钻进方法按钻具破碎岩土体的方式可分为回转钻进、冲击钻进、冲击回转钻进三类,钻进方法选择应符合表3的规定。

a) 回转钻进根据所使用的研磨材料不同可分为合金钻进、钻粒钻进和金刚石钻进。

b) 回转钻进还包括螺旋钻进。

表3 钻进方法及适用地层

钻进方法		适用地层	特点
回转钻进	合金钻进	岩土可钻性Ⅰ级~Ⅶ级地层	成本较低、适用性强、应用广泛
	金刚石钻进	岩土可钻性Ⅳ级~Ⅻ级地层	取芯质量好、钻进效率高
	钢粒钻进	岩土可钻性Ⅵ级~Ⅸ级地层	需要的孔底压力大、钻头磨损较快
	螺旋钻进	黏性土、粉土等非取样和测试深度段	干作业
冲击钻进		碎石土	对岩土扰动较大
冲击回转钻进		碎石土	能提高硬质层转速和回转进尺长度,降低钻孔弯曲程度,降低工程成本
注:钻孔倾角小于75°时不应采用钢粒钻进,完整、致密、硬度大的岩石可选用直径小的钢粒,反之,应用直径大的钢粒。			

6.2 回转钻进

6.2.1 回转钻进是最主要的钻进方法,适用范围广,回转钻进应符合下列规定:

a) 钻进过程中应保持钻压的均匀、稳定,加压、减压应缓慢进行,随时观察,孔内发现异常时应及时采取适当的处理措施。

b) 应根据地层情况及钻探技术要求合理掌握回次进尺。

6.2.2 根据岩土可钻性等级选择适应的钻头,且应符合附录D的规定。

6.2.3 冲洗液应根据地层岩性、钻进方法、钻头类型和环境保护要求选择,且应符合附录D的规定。

6.2.4 采用合金钻头钻进时,除应符合6.2.1的规定,尚应符合下列规定:

a) 当钻头下至距孔底0.3m~0.5m时,应待冲洗液返回孔口后,轻压、慢转扫孔到底,再逐渐增大压力,加快转速。

b) 在软质岩石地层中宜采用低压快速钻进,在较硬的、非均质的、研磨中等的岩石中宜采用低中速钻进。

c) 取芯应选择合适的卡料或卡簧,当采取干钻卡芯方法时,干钻时间应小于2min。

d) 采用套管合金钻进干钻时,可用小一级单管干钻取样,再用大一级钻具扩孔,及时跟入套管。

6.2.5 采用金刚石钻头钻进时,除应符合6.2.1的规定,尚应符合下列规定:

a) 卡簧、扩孔器应与钻头配套,每次下钻前应进行检查;卡簧的自由内径应比钻头内径小 0.3mm ~ 0.4mm,扩孔器的直径应比钻头直径大 0.3mm ~ 0.5mm,钻硬质岩石时取小值,钻软质岩石时取大值。
b) 钻具水路应畅通,钻杆丝扣等处不应漏水,钻头水口高度不应小于 3mm。
c) 钻头下钻距孔底 1m 左右时应开泵送水、缓慢下放,距孔底 0.2m ~ 0.3m 时应慢转、轻压到底,新钻头应进行初磨,进尺 0.2m ~ 0.3m 后逐渐采用正常参数钻进,下钻遇阻时不应强钻强扭。
d) 严禁使用金刚石钻头进行干钻。
e) 岩芯应用卡簧卡取,取芯时应先停止回转,再将钻具提离孔底、拉断岩芯。残留岩芯超过 0.2m 时应采用岩芯捞取器捞取,严禁用金刚石钻头套扫。
f) 钻头和扩孔器应按外径的大小分组排队使用,即先用外径大的,后用外径小的。
g) 换径和下套管前应做好孔底的清理和修整工作,换径和下套管后应采用锥形钻头将换径台阶修成锥形,并取净孔底异物后方可钻进。

6.2.6 采用钢粒钻进时,除应符合 6.2.1 的规定,尚应符合下列规定:
a) 钢粒钻进应带取粉管,孔内岩粉厚度超过 0.4m 时,应进行捞取。
b) 下套管前应先用带有导向的小一级钻具钻进 2m ~ 3m 后再下管。
c) 采用结合投粒钻进时,在投入钢粒前应开大冲洗液量冲洗并将钻具提起 0.5m 以上。
d) 每个回次提钻后应严格检查岩芯管与钻头,观察钻头唇面的磨损情况及取出岩粉和岩芯的形态,以确定下一回次的钻进技术参数。
e) 钻孔换径钻进或由合金钻进改换钢粒钻进时,应调整钻进技术参数,待钻进孔段长度超过粗径钻具长度后,再改用正常情况下的技术参数钻进。
f) 投入钢粒后应由小到大调整冲洗液量,钻具无阻力时方可钻进。
g) 孔底无钢粒时应适当提动钻具,及时补入新的钢粒,进尺效率正常时不宜提动钻具。

6.2.7 采用螺旋钻进时,除应符合 6.2.1 的规定,尚应符合下列规定:
a) 应采用上端有排水孔、下端有排水活门的空心螺纹钻头。
b) 钻头螺距、切削刃角角度及螺旋角应根据地层情况确定,并应符合 CECS 240 的规定。

6.3 冲击钻进

6.3.1 冲击钻进采用水压法或泥浆护壁时,孔内液面应保持在最高位置,采用套管护壁时,钻头不应超过套管底靴 0.5m。

6.3.2 回次进尺不应大于钻管长度的 65%,宜钻进 0.5m ~ 1.0m 时提钻。采用各种冲击钻头钻进时,回次进尺不应大于钻头本体长度。

6.3.3 冲击过程中孔内液柱突然下降时,应迅速将管钻提出孔口,并投黏土或灌泥浆。

6.4 冲击回转钻进

6.4.1 冲击回转钻进钻头可采用合金钻头或金刚石钻头。

6.4.2 冲击回转钻进技术参数应符合 CECS 240 的规定。

6.4.3 采用冲击回转钻进应符合下列规定:
a) 冲击回转钻进下钻至距孔底 0.50m 时,应送水或送风,轻压慢转扫孔到底,再缓慢调整泵量或风量和风压,进入正常钻进。
b) 钻进时应随时注意泵压或风压的变化,发现异常,应及时提钻检查。
c) 应配备稳压装置,保证冲击器正常工作。

7 常规钻探

7.1 一般规定

7.1.1 钻探应根据地层特性、取样、原位测试、回次进尺、岩芯采取率要求等选择钻探工艺。

7.1.2 钻探工艺的选择应满足原位测试、取原状土样的相关要求。

7.2 黏性土、粉土地层

7.2.1 根据技术要求，黏性土、粉土可采用螺旋钻进、合金钻进、取土筒锤击钻进等方法。

7.2.2 对需鉴别土的天然湿度的钻孔，在地下水位以上应进行干钻；当必须加水或使用冲洗液时，应采用内管超前双层岩芯管钻进或三重管取土器钻进。

7.2.3 回次进尺应根据地层情况、钻进方法、钻探技术要求确定。地下水位以上不宜超过2.0m且不得超过取土筒(器)的长度，饱和粉土回次进尺不宜超过0.5m。

7.3 砂土地层

7.3.1 砂土地层钻探宜采用活套闭水接头单管、合金钻头泥浆循环和跟管钻进。

7.3.2 需测量地下水位的钻孔，未见地下水时不宜采用泥浆护壁钻进。

7.3.3 地下水位以上采用跟管钻进时，套管直径应比粗径钻具大1级~2级，回次进尺宜为0.3m~0.5m。

7.3.4 采用泥浆护壁钻进时应根据砂类土地层的透水性、颗粒大小、埋深、厚度等，选用不同性能的泥浆。提钻时应及时向孔内补充泥浆，泥浆的选用宜符合附录E的规定。

7.3.5 钻进砂土地层时应采用低转速，压力不宜过大，并适当控制回次进尺和提升速度。

7.3.6 为提高饱和砂土岩芯采取率，可采用标准贯入器前导，每击入50cm提钻、取芯，然后扫孔。

7.4 碎石土地层

7.4.1 碎石土地层钻探，可选用金刚石单动双管取芯钻进，无泵反循环的合金、钢粒钻进或合金与钢粒混合钻进。卵漂石粒径较大时，也可采用冲击等破岩方式钻进。

7.4.2 根据孔壁稳定程度和钻探方法，可选用优质泥浆护壁，并配以泥球、套管加固。孔壁坍塌严重且泥球、泥浆护壁无效导致下管又困难时，可采用水泥浆灌注护壁。

7.4.3 岩堆、卵石层或漂石层钻探应符合下列规定：

a) 合金回转钻进时宜采用中或大压力，低转速、中冲洗液量，并用八角柱状合金钻头。

b) 钢粒钻进时投粒量应适当增加，提动钻具次数应相对减少。

c) 取芯困难时宜采用特制的钢丝钻头。

d) 采用金刚石单动双管取芯钻进漂石或块石时，宜用低固相或无固相冲洗液，钻头水口应适当减少，胎体应有较强的韧性。

7.5 岩石地层

7.5.1 软质岩可采用双管取芯钻具或无泵反循环钻进，硬质岩可采用双管钻具或喷射式孔底反循环钻进。

7.5.2 采用双动双管取芯钻具钻进时，岩芯管长度应为1.5m~2.0m。钻头轴向差距应视岩石而定，可为30mm~50mm，软质岩石差距应大些，反之则小些，钻进中不宜提动钻具，回次进尺宜为0.5m~1.0m。

7.5.3 无泵反循环钻进回次进尺视岩性而定、软质岩石应为1.0m~1.5m，破碎岩石应为0.5m~0.7m。

7.5.4 采用射流反循环钻进时,应满足以下要求:

a) 回次终止时应停钻冲除孔底岩粉,待停泵沉淀 3min ~5min 后卡取岩芯,提钻时应轻、稳。

b) 合金钻进时钻进压力宜采用钻头上每块合金为 0.7kN ~0.8kN,转速 150r/min ~180r/min,冲洗液量 60L/min ~100L/min。

c) 水泵运转应正常,中途不应停泵。

d) 泥浆黏度宜为 15s ~25s,失水量控制在 10L/30min ~15L/30min 以下。

7.6 不良地质路段

7.6.1 滑坡地段钻进应采用单动双管、干钻、风压钻进或无泵反循环方法进行。

7.6.2 在活动的滑坡体上钻探时,应安排专人监视滑坡体位移情况,发现异常时应及时采取措施,确保人身和设备安全。

7.6.3 滑坡地段钻探应结合岩层情况、滑坡体稳定程度、滑动面位置及滑床岩性等,确定下入套管的深度。

7.6.4 滑坡地段钻探应符合下列规定:

a) 钻进中,钻至预计滑动面(带)以上约 5m 或发现滑动面迹象(软弱面、地下水)时,应采用双层岩芯管、干钻或风压钻进,并宜增大钻压、降低转速,回次进尺长度宜为 0.3m ~0.5m,提高岩芯采取率,并仔细检查岩芯,确定滑动面位置。

b) 钻进中应检查钻孔是否歪斜,发现孔内不正常时应及时提钻检查。

c) 钻进中应及时取样鉴定和进行水文地质观测工作。

7.6.5 岩溶洞穴钻探应根据地层情况选择钻进方法,只探测洞穴可采用潜孔锤不取芯钻进。

7.6.6 岩溶洞穴钻探应符合下列规定:

a) 孔径应根据地质条件和洞穴分布情况选择。

b) 钻进时应采用低钻压、慢转速,发现进尺突然加快、漏水、掉钻或有异响时,应立即检查钻具连接情况或用轻压、慢转速探索钻进。

c) 钻穿空洞或大裂隙顶板时应立即停钻,将钻具缓慢下落至底板,并应记录顶板、底板的深度,洞内充填物及其性质、成分、水文地质情况等。

d) 洞内有充填物时应采用干钻或双管钻具钻进。

e) 钻过空洞后应下导向管或接长岩芯管,其长度为空洞高度的 2 倍 ~3 倍,并用轻压、慢速钻至空洞底板下 2m ~3m 后,用套管隔离空洞。

f) 岩芯应采用卡簧或爪簧取芯钻具卡取。

7.7 特殊性岩土

7.7.1 软土地层钻探宜采用活套闭水接头单管钻具、合金肋骨钻头泥浆循环钻进,或采用带筏管钻进。

7.7.2 软土地层钻探应符合下列规定:

a) 钻探时应采用优质泥浆作冲洗液,并根据孔壁坍塌、缩径情况,增加泥浆密度或配用套管护壁,不应使用清水冲孔或注水钻进。

b) 泥浆循环回转钻进应采用长肋骨式合金钻头,钻具下至距孔底 1m ~2m 时,宜用大冲洗液量回转扫孔到孔底再改用正常冲洗液量钻进。

c) 注意孔内有害气体逸出,防止燃烧。

d) 钻进宜连续进行,当成孔困难或需间歇作业时,应采用套管、清水、泥浆等护壁措施。

e) 对于钻进回次进尺长度,厚层软土不宜大于 2.0m,中厚层软土不宜大于 1.0m,地层含粉质成分较多时,不宜超过 0.5m,并应保证分层清楚,提土率应大于 80%;当夹有大量砂土互层,提土率不能满足要求时,应辅以标准贯入器取样作土层鉴别。

7.7.3 膨胀岩土地层钻进可采用肋骨式或加大内外出刃的合金钻头、双管钻具或无泵反循环钻进。

7.7.4 膨胀岩土钻进应符合下列规定:

a) 钻进时宜采用干钻,采取Ⅰ级、Ⅱ级土试样时,严禁送水钻进。

b) 回次进尺宜控制在0.5m~1.0m。

c) 采用肋骨式或加大内外出刃的合金钻头钻进,水口高度应不小于20mm,内壁宜增设水槽,水槽宽度宜为6mm~8mm。

d) 钻孔取芯宜采用双管单动岩芯管或无泵反循环钻进。

e) 当孔壁严重收缩时,应随钻随下套管护壁。

f) 采用泥浆护壁时,应选用失水量小、护壁性能好的泥浆。

7.8 堤防钻探

7.8.1 江、河、湖堤岸地区钻探应根据地层情况、岸坡形态、岸滩变迁、淹没范围等选择钻进方法。

7.8.2 江、河、湖堤岸地区钻探应符合下列要求:

a) 钻进的回次进尺应根据地层性质、钻进方法等确定,且不应超过2m。

b) 当相对透水层或软土层较厚时,孔深应适当加深并能满足渗流与稳定分析的要求。

c) 钻进过程中应观察水位升降情况。

d) 钻进过程中应观察是否出现滑坡、坍岸、潜蚀、管涌等不良地质现象。

7.8.3 钻孔完成后必须封孔(长期观测孔除外),封孔材料和封孔工艺应根据当地实际经验或试验资料确定。

7.8.4 堤防钻探还应符合SL 188的规定。

8 水上钻探

8.1 一般规定

8.1.1 水上钻探前应搜集和分析钻探场区的气象、水文、地质、航运等资料。

8.1.2 水上钻场应根据水文情况、地层情况、钻孔深度、钻探目的、钻探设备及水保要求等确定。

8.1.3 钻探点定位测量的仪器与方法,宜根据场地离岸的距离进行选择。钻探点应按设计点位施放,开孔后应实测点位坐标和高程,并应与最新测绘的水域地形图及水文、潮汐等资料进行核对。

8.1.4 钻探点的点位高程应由多次同步测量的水深与水位确定,并可用处于稳定状态套管的长度作校核。

8.2 钻探与成孔

8.2.1 水上钻探准备工作除应符合第5章的有关规定外,尚应符合下列规定:

a) 应进行现场踏勘,了解工作区环境和现有水上运输能力等。

b) 应与有关航道部门协商钻探期间的安全航行事宜,并应确定报警水位和撤退航线,同时应编制施工组织设计。

8.2.2 水上钻场类型的选择应符合下列规定:

a) 在浅水区,宜采用围堰或筑岛方法建造工作平台,堰顶或岛面应高出施工期间可能出现的最高水位0.5m~0.7m,应变水上施工为陆地施工。

b) 在深水区宜修建漂浮钻场和架空钻场,钻场类型选择应符合表4的规定。

c) 水上钻场应结构坚固,作业面应紧凑,台面宜铺设厚40mm~50mm的木板并进行固定,周边应架设不低于1.2m的安全护栏。

表4　水上钻场类型

水上钻场类型		钻探期间水文情况			安全距离(m)	
		最小水深(m)	流速(m/s)	浪高(m)		
漂浮钻场	专用铁驳船	2	<4	<0.4	全载时吃水线应低于甲板的距离	>0.5
	木船	1.5	<3	<0.2		>0.4
	竹木筏	0.5	<1	<0.1		0.2～0.3
	油桶	1	<1	<0.1		0.2～0.3
架空钻场	桁架	不限	<1	2	钻场平面高出最高水位距离	>1
	平台	不限	<3	2		>1
	索桥	不限	<5	不限		>3

8.2.3　漂浮钻场的建造应符合下列规定：

a）漂浮钻场的承载能力应根据水文条件、钻孔深度、设备器材重量及工作负荷等因素合理选择，并应取5～10的安全系数。

b）漂浮钻场应抛锚固定，并应符合下列规定：

1）漂浮钻场应设有主锚、前锚、边锚和后锚。

2）锚的重量应根据漂浮钻场的承载能力和水的流速确定。

3）钢丝绳锚绳不得有锈蚀和断丝，锚绳直径应符合抗拉要求，锚绳长度应根据水深及夹角确定，锚绳与其在水平面上投影的夹角为10°，主锚钢丝绳与前锚绳、边锚绳夹角为35°～45°。

4）抛锚定位应由持证船工操作，由船长统一指挥完成。

5）抛锚定位应选择无雾天气进行，并进行观测。

6）条件许可时应把部分锚固定在岸边上。

8.2.4　架空钻场的建造应符合下列规定：

a）架空钻场支承的结构类型应根据水文条件、钻孔深度、设备器材重量及工作负荷等因素合理选择，并应进行强度、刚度与稳定性校核。

b）架空钻场的台面应高于最高水位1m。

8.2.5　水上钻探应符合下列规定：

a）开孔钻进前应下导向管。

b）导向管应带管靴，并应坐落到稳定的地层上，对其下端应进行良好密封。

c）导向管在接近孔口处，应采用0.3m～1.0m的短管连接，并应保持与基台面有一定的高度。

d）水上基桩孔施工宜采用固定式工作平台，护筒底端埋置深度应根据水深及水底地层特性确定，护筒上口宜高出水位2.0m。

e）及时观测钻孔位置处水位的变化，并测算进尺和修正孔深。

9　水平及斜孔钻探

9.1　一般规定

9.1.1　水平及斜孔钻探可采用回转钻进、冲击回转钻进等方法，不取芯钻探可采用潜孔锤钻进。

9.1.2　水平及斜孔钻探应根据钻探技术要求，场地地形地质条件合理选择钻探设备。

9.2 钻探与成孔

9.2.1 开孔前应根据技术要求用仪器实测确定钻孔孔位,钻孔仰角、俯角及方位角。
9.2.2 水平孔、上仰孔金刚石钻进宜采用表镶钻头或胎体较软的孕镶钻头。
9.2.3 钻压应随钻孔深度增加,钻进易于坍塌超径的钻孔应适当增加钻压。
9.2.4 钻进过程应根据设备功力功率,钻具抗扭、抗磨损能力,钻头类型和钻压合理选择转速。
9.2.5 钻进中应适当降低冲洗液量,采用小水压钻进。
9.2.6 钻进中应在冲洗液中加入适量的润滑减阻剂制成乳化冲洗液,或在钻杆上涂润滑脂。
9.2.7 钻进裂隙发育的破碎地层,应及时用干固孔法进行护壁处理。
9.2.8 在满足技术要求的前提下,宜采用小口径钻具钻进。
9.2.9 钻孔预计的倾斜度与倾斜方向应符合下列规定:

a) 对于倾斜钻孔,每25m应测量一次倾斜角和方位角,钻孔倾角和方位角的测量精度宜分别为±0.1°和±3°。
b) 当钻孔斜度及方位偏差超过规定时,应立即采取纠斜措施。
c) 当钻探任务有要求时,应根据钻探任务要求测斜和防斜。

10 水文地质钻探

10.1 一般规定

10.1.1 水文地质钻探应满足水文地质试验要求,并编制作业指导书。
10.1.2 水文地质钻孔深度超过100m时,应有钻孔结构设计图及相关工艺说明。
10.1.3 水文地质钻探试验孔应保持垂直、每100m孔深(段),钻孔顶角增量不应超过1.5°。

10.2 钻探与成孔

10.2.1 水文地质钻进方法应根据地层岩性、钻孔结构、水文地质要求等条件选择,并应符合表5的规定。

表5 水文地质钻进方法

钻进方法	适用范围
合金钻进	基岩一次成孔:可钻性Ⅵ级以内岩石常规口径,可钻性Ⅳ级以内岩石大口径,砂、土、砾石层、小卵石层一次成孔或多级扩孔
钢粒钻进	基岩:可钻性Ⅶ级~Ⅹ级岩石常规口径,可钻性Ⅴ级~Ⅸ级岩石大口径,大漂石、卵石层一次成孔
大口径泵吸、气举或射流反循环钻进	第四系砂、土、砂砾层,基岩一次成孔
牙轮钻头钻进	可钻性Ⅹ级以内岩石基岩、卵砾石层、漂石层用大口径钻铤加压一次成孔
冲击钻进	浅孔中的砂、土、砾石、小卵石用各种肋骨抽砂筒钻进,大卵石、漂石层、胶结层用冲击钻头钻进,配合抽砂筒捞砂
注:常规口径指 ϕ91mm~ϕ172mm,大口径指 ϕ172mm以上。	

10.2.2 水文地质钻孔在钻进中使用的冲洗介质,应符合下列规定:

a) 基岩层中钻进时,宜采用清水钻进方法。
b) 松散层中钻进时,可采用易于洗孔的泥浆护壁钻进,在下过滤器前应将孔内的稠泥浆逐步换为稀泥浆。
c) 采用泥浆钻进方法时,泥浆的质量应符合CECS 240的规定。

d) 钻进目标含水层时,严禁采用黏土块直接代替泥浆。

10.2.3 水文地质钻孔的终孔孔径应根据水文地质试验方法、要求、过滤管类型及直径确定。

10.2.4 水文地质钻探钻进方法、钻进技术参数、钻孔抽水试验、钻孔压水试验等应符合 GB 50027 和 GB 50021 的规定。

10.3 简易水文地质观测

10.3.1 钻进过程中应进行地下水位观测(包括初见水位与稳定水位)、钻孔涌水量观测、冲洗液消耗量观测及水温观测。

10.3.2 初见水位的确定:钻进过程中,第一次取得饱含水的样品后应进行水位观测。冲洗液钻进中发现泥浆稀释或孔口回水增加时,应及时记录孔深,判别初见水位。为承压水时,则含水层顶板埋深应为初见水位。

10.3.3 钻探过程中,水位观测在提钻后、下钻前应各进行一次,中间停歇时间较长时应每隔 15min ~ 20min 观测一次。如因其他原因停钻,应继续观测水位。

10.3.4 稳定水位的确定,应符合下列规定:

a) 在硬质岩层或砂类土中,最后 4 次测定(每 30min 测定一次)水位波动小于 2cm。

b) 软质岩层或黏性土中,最后 6 次 ~ 8 次测定水位波动小于 2cm。

10.3.5 钻孔承压水涌水量观测可采用下列方法:

a) 在孔口接长的套管下安装带控制阀门的三通管,并调节阀门使水位稳定,再用流里表、三角堰或其他容器测定涌水量。

b) 承压水涌水量大、现场缺乏必要的设备时,可根据套管内径及涌水高度估算涌水量。

10.3.6 冲洗液消耗量每班至少测定一次,变化大时应增加测定次数,冲洗液循环系统不应漏泄,并记录向水源箱(或泥浆池)内加入的冲洗液量。

10.3.7 水温应每班观测一次,缓变温度计在孔内停留时间不应少于 30min ,并记录测温深度,自流井钻孔可在孔口测定水温,同时观测并记录气温。

11 护壁堵漏

11.1 一般规定

11.1.1 在岩土层中钻进,除能保持孔壁稳定的黏性土层和完整岩层之外,均应采取护壁措施。

11.1.2 护壁堵漏方法应根据岩层情况、堵漏工具、地下水情况和护堵材料进行选择。

11.2 护壁堵漏方法

11.2.1 常用护壁堵漏方法可根据表 6 选用。

表 6 护壁堵漏材料及适用范围

材　料	适用范围
泥浆	松散破碎岩层,吸水膨胀性岩层,节理裂隙较发育的漏失性岩层
黏土	局部孔段的坍塌漏失岩层,钻孔浅部或覆盖层有裂隙,产生漏水、涌水等情况的岩层
水泥浆	较厚的破碎带,坍塌较严重的岩土层,特殊泥浆及黏土处理无效,漏失严重的裂隙岩层等
化学浆液	裂隙很发育的破碎、坍塌漏失岩层,一般用于短孔段的局部护孔堵漏
套管	严重坍塌、缩孔、漏失、涌水性岩层。较大的溶洞,松散的覆盖层,其他护壁堵漏方法无效时,水文地质试验需封闭的孔段,水上钻探的水中孔段

11.2.2 泥浆护壁堵漏应符合下列规定：

a）钻孔冲洗液漏失时，应降低泥浆密度，孔壁坍塌时则应增加密度。

b）轻微漏失的岩层宜选用低固相聚丙烯酰胺泥浆（PHP）或黏度为30s～60s、静切力大、密度为1.08 kg/L～1.15kg/L、失水量为8L/30min～10L/30min的优质泥浆。

c）中等漏失的岩层应根据孔内情况及现场条件选用石灰乳泥浆、堵漏泥浆、未水解聚丙烯酰胺（PAM）泥浆、冻胶泥浆（或其他形成结构的泥浆）或泡沫泥浆。

d）岩层既塌又漏时应采用密度较大的泥浆，同时严格控制泥浆失水量，防止坍塌。

11.2.3 黏土护壁堵漏应符合下列规定：

a）泥球大小宜为孔径的1/3～1/2。

b）向孔内投泥球时不宜过快，每次投泥球的厚度为0.5m～1.0m，然后用钻具（下部用木塞堵住）逐层捣实挤紧。

11.2.4 水泥浆护壁堵漏应符合下列规定：

a）宜采用地质勘探硫铝酸盐水泥或B_1型早强水泥，采用普通水泥时，应加入速凝剂。

b）配浆应采用清洁淡水，其温度不应超过30℃。

c）各种外加剂应根据水泥品种、护壁堵漏要求，按试验配方合理选用。

d）灌注水泥浆前应掌握漏失深度、厚度和大致漏失量以及坍塌的深度、厚度和坍塌严重程度，漏失位置可用测漏仪测定。

e）配制水泥浆前应在地面做好试验（测定初凝和终凝时间、流动度、抗压强度等），选择水灰比。

f）配浆时应强力搅拌，水泥浆搅拌时间宜控制在10min内，并不应在稠化过程中加水。使用减水剂时，应先将减水剂溶于水，再加入水泥浆中。

g）灌注水泥浆时可采用水泵钻杆注入法、灌注器输送法、孔口钻杆灌入法和干料投入法。严禁从孔口直接倒入。

11.2.5 化学浆液护壁堵漏应符合下列规定：

a）堵漏时应根据钻孔漏头的强度和漏失层的特点来选择化学浆液的类型。

b）化学浆液应具备良好的渗透性能、较快的凝结速度及较高的固结强度。

c）脲醛树脂浆液钻孔护壁堵漏，应采用专门设计的双液灌注工具。

11.2.6 套管护壁堵漏应符合下列规定：

a）下管前应采用与套管相同直径的钻具扫孔，捞净钻屑岩粉，并测定孔深。

b）下管前应检查套管，并应逐根丈量、依次登记。

c）下管前可向孔内投入适量的黏土球。

d）下管时套管丝扣处应清刷、涂润滑油，下管较深时应涂松香等防滑剂，套管丝扣应拧紧到位；套管下端应放置在稳定的岩（土）层上，套管不应悬空。

e）起拔孔内套管阻力很大或卡塞较紧时，应先用吊锤、振动器或千斤顶起拔松动后再用卷扬机提升，不应直接用卷扬机强力起拔。上述方法无效时，可用割管器将套管分段割开，分段起拔。

12 钻探质量

12.1 一般规定

12.1.1 钻探施工前应根据钻探技术要求和地层情况制订质量保证措施，其内容包括钻探过程控制措施、质量管理措施等。

12.1.2 钻探、取样设备应根据钻探技术要求和地层情况相应配备，并保证设备状况良好。

12.1.3 钻孔定位应符合5.2的规定。

12.1.4 钻探应从孔位、取芯、取样、岩性鉴定描述等方面进行全过程管理,并如实记录。

12.1.5 钻探应执行钻探质量分级检查制度,保证钻探质量。

12.1.6 钻探应提供现场原始记录、钻孔柱状图和岩芯照片等,岩土芯样应根据工程要求保存一定期限或长期保存。

12.2 钻孔弯曲与孔深

12.2.1 钻孔弯曲的预防应符合下列规定:

a) 钻机安装应平稳,立轴不得晃动,不得使用弯曲钻具。

b) 开孔时应校正钻机,使立轴中心对准孔位。

c) 孔口管应下正,固牢。

d) 尽量减少换径,换径时应使用变径导向钻具,或应采取其他导正定位措施。

e) 基岩钻进时,常规钻具的岩芯管长度不宜小于3.0m。

f) 应采用孔底加压等措施增加钻具的稳定性。

g) 钻进溶洞地层、软硬互层,应采用低转速、轻钻压钻进。

12.2.2 钻孔弯曲的控制应符合下列规定:

a) 垂直孔应每50.0m测量一次垂直度,顶角允许偏差不得超过3°,孔深小于30.0m的钻孔可不进行测量。

b) 斜孔每25.0m测量一次钻孔倾角和方位角,钻孔倾角测量精度应为±3°。

c) 钻孔弯曲度超过钻探要求时,应及时进行纠斜处理。

d) 有特殊用途的钻孔应满足钻探任务书的要求。

12.2.3 钻孔深度测量应符合下列规定:

a) 孔深误差每50.0m允许偏差为±0.1%,有特殊要求的应满足任务书的要求。

b) 每钻进50.0m或终孔后应校正孔深。

c) 孔深误差超过规定时,应找出原因,并更正记录报表。

12.3 岩芯采取

12.3.1 钻探岩芯采取率应符合表7的规定。

表7 钻探岩芯采取率

地层		回次采取率(%)
土类	黏性土	≥90
	砂类土	≥70
	碎石类土	≥65
基岩	滑动面及重要结构面上下5m范围内	≥70
	微风化带、弱风化带	≥70
	强风化带、全风化带、构造破碎带	≥65
	完整基岩	≥80

注1:岩芯采取率:圆柱状、圆片状及可合成柱状岩芯长度与碎散岩芯装入同径岩芯管中长度之总和与该回次进尺的百分比。

注2:滑动面及重要结构面在第四系土中时,按土类相同地层岩芯采取率规定。

12.3.2 钻进取芯及退芯应符合下列规定：

a) 钻进取芯应在不坍塌掉块和不混层孔段进行，并不应超过岩芯管长度。

b) 卡岩芯应选用 8 号铁丝或石英等硬石质粒料，投放宜均匀、送水冲压试提，待卡牢后，回转扭断岩芯再提取。

c) 从岩芯管退芯时，土芯宜用泵压退芯法，石芯宜用轻击振动法，防止过猛敲打。

12.3.3 岩芯整理应符合下列规定：

a) 采取的岩芯应按上下顺序摆放，填写回次标签，在一个回次内采得两种不同地层的岩芯时应注明变层深度。

b) 发现滑动面、软弱结构面或薄层时，应加填标签注明起止深度，放在岩芯箱相应位置上。

c) 岩芯应装入岩芯箱，填写标签，注明层次编号、岩层名称、起止深度。同时标注工程名称、钻孔编号、里程和钻孔深度。

12.4 岩土水试样的采取

12.4.1 岩石试样的采取应符合下列规定：

a) 岩石试样可利用钻探岩芯制作，采取的毛样尺寸应满足试块加工的要求，有技术要求时，试样形状、尺寸和方向应由岩体力学试验设计确定。

b) 试样应填写标签，标明上下、项目名称（或编号）、孔号、试样编号、试样名称、取样深度、取样时间、取样人等，做磨片鉴定的试样还应标明产状和结构构造，在断裂带上的试样应注明断裂方向，做密度、含水率试验的试样，应擦干净后立即密封。

12.4.2 在钻孔中采取Ⅰ级、Ⅱ级土试样应符合下列规定：

a) 地下水位以上土层应干钻，不宜使用冲洗液，否则应采用能隔离冲洗液的二重或三重管钻进取样。

b) 在软土、砂土中宜采用泥浆护壁，如使用套管，应保持管内水位等于或稍高于地下水位，取样位置应低于套管底 3 倍孔径的距离。

c) 采用冲击方式钻进时，应在预计取样位置 1.0m 以上改用回转钻进。

d) 下放取土器前应仔细清孔，清除扰动土，孔底残留浮土厚度不应大于取土器废土段长度（活塞取土器除外）。

e) 对软土采取土试样宜用快速静力连续压入法，对可塑～硬塑状的土宜采用锤击取土器取土。

12.4.3 Ⅰ级、Ⅱ级、Ⅲ级土试样的密封与保存应符合下列规定：

a) 土试样应妥善密封，防止湿度变化，严防曝晒或冰冻。

b) 每个试样均应填贴标签，标签上下应与试样上下一致，并标明工程名称（或编号）、孔号、试样编号、取样深度、土类名称、取样时间、取样人等。

c) 试样在运输中应避免振动。

d) 相关试验应根据岩土特性和技术要求及时进行。

e) 保存时间不宜超过 3 周，对易于振动液化和水分离析的土试样宜在现场或就近进行试验。

12.4.4 水试样的采取与保存应符合下列规定：

a) 水试样应能代表天然条件下的水质情况。

b) 当有两层以上含水层时，应做好止水工作，然后分层取样。

c) 水试样数量应满足试验要求，简分析水试样取 1 000mL；分析侵蚀性二氧化碳的水试样应另取 500mL，并加大理石粉 2g～3g，全分析水试样取 3 000mL。

d) 水试样采取后应立即封好瓶口，贴好水试样标签，及时送化验室，水试样标签应注明项目名称（或编号）、取水孔号、深度、取样时间、取样人等。

e） 水试样应及时试验，试样放置时间应根据试验项目按试验要求确定。

12.5 地下水位量测

12.5.1 地下水位的量测应符合下列规定：

a） 遇地下水时应量测水位。

b） 稳定水位应在初见水位后经一定的稳定时间后量测。

c） 间隔时间应根据地层的渗透性确定，对砂土和碎石土不应少于0.5h，对粉土和黏性土不应少于8h，并宜在勘察结束后统一量测稳定水位。

d） 稳定水位的量测读数至厘米，精度不应低于±2cm。

e） 对多层含水层的水位量测，应采取止水措施将被测含水层与其他含水层隔开。

12.5.2 地下水位长期观测应符合下列规定：

a） 下入长期观测管之前，应充分冲洗钻孔。

b） 按设计要求选用观测管及过滤网，观测管内径应不小于20mm。

c） 每个观测孔应设孔口保护装置。

d） 观测管在含水层顶板位置应采用水泥止水。

12.5.3 因采用泥浆护壁影响地下水位观测时，可在场地范围内另外布置专用的地下水位观测孔，地下水位观测孔宜采用套管护壁。

12.6 测试钻孔要求

12.6.1 电磁波透射法物探钻孔应符合下列规定：

a） 孔内测试段不应有金属套管，井壁完整性差的井段宜下PVC管护壁。

b） 孔深宜大于钻孔间距的2倍，且大于探测深度5m～10m。

c） 终孔直径应比下井探头外径大一级以上。

12.6.2 弹性波CT法物探钻孔应符合下列规定：

a） 有效测试井段有井液，无沉淀。

b） 孔深宜大于钻孔间距的2倍，且大于探测深度5m～10m。

c） 终孔直径应大于75mm，采用PVC管护壁时，套管内径应大于70mm。

12.6.3 预钻式旁压试验的钻孔应符合下列规定：

a） 保持试验段孔周岩土体的天然结构，钻孔直径应比旁压器直径大2mm～6mm，孔壁应竖直、平整、呈圆筒形。

b） 成孔深度应大于试验深度0.5m，应在试验段以上不小1m处开始按旁压试验要求成孔。

c） 孔壁稳定性差或有缩孔可能的土层宜采用泥浆护壁成孔。

d） 同一个试验孔，应由上向下逐次试验，且每个试验段成孔后立即进行。

12.6.4 孔内动力触探、标准贯入试验、静力触探的钻孔应符合下列规定：

a） 钻孔直径应比探头直径大一级以上，以达到测试探头上下不致受阻。

b） 同一个试验孔，应由上向下逐次试验，且每个试验段成孔后立即进行。

c） 孔壁不稳定钻孔宜采用套管护壁。

d） 打捞干净孔底残余岩芯、沉淀。

12.7 钻探现场记录

12.7.1 岩土现场鉴别应符合JGJ/T 87和GB 50021的规定，现场钻探记录宜按附录F执行、钻孔岩芯编录宜按附录G执行，钻探现场记录应符合下列规定：

a） 记录内容应准确、齐全、字迹清晰，钻孔中地层分层误差不宜大于0.1m。

b) 发现误记时应以横线划去错记部分后在旁重写,不应涂改、挖补、撕毁或重新抄写。

c) 终孔后钻探记录应经机组长、地质人员核查签字后,方可使用、存档。

12.7.2 岩芯描述内容应符合表8的规定。

表8 岩芯描述内容

地层	内容
碎石土	描述颗粒级配、颗粒形状、颗粒排列、母岩成分、风化程度、充填物的性质和充填程度、密实度等
砂土	描述颜色、矿物组成、颗粒级配、颗粒形状、细粒含量、湿度、密实度等
粉土	描述颜色、包含物、湿度、密实度等
黏性土	描述颜色、状态、包含物、土的结构等
填土	描述填土类别、颜色、状态或密实度、物质组成、结构特征、均匀性、堆积时间、堆积方式等
特殊性土	除应描述上述相应土类规定的内容外,尚应描述其特殊成分和特殊性质
具有互层、夹层、夹薄层特征的土	除应描述上述相应土类规定的内容外,尚应描述各层的厚度和层理特征
岩浆岩、变质岩	描述地质年代、地质名称、风化程度、颜色、主要矿物、矿物结晶大小和结晶程度、结构、构造和岩石质量指标RQD
沉积岩	描述地质年代、地质名称、风化程度、颜色、主要矿物、结构、构造和岩石质量指标RQD,沉积物的颗粒大小、形状、胶结物成分和胶结程度
结构面	描述类型、性质、产状、组合形式、发育程度、延展情况、闭合程度、粗糙程度、充填情况和充填物性质以及充水性质等

12.8 封孔回填

12.8.1 钻孔工作完成后,应根据工程要求选用适宜的材料分层回填,回填材料及方法宜按表9的要求选择。

表9 回填材料及方法

回填材料	回填方法
原土	每0.5m分层夯实
直径20mm左右黏土球	均匀回填,每0.5m~1m分层捣实
水泥、膨润土(4:1)制成浆液或水泥浆	泥浆泵送入孔底,逐步向上灌注
素混凝土	分层捣实
灰土	每0.3m分层夯实

12.8.2 钻孔宜采用原土回填,并应分层夯实,回填土的密实度不宜小于天然土层。

12.8.3 邻近堤防的钻孔应采用干黏土球回填,并应边回填边夯实;有套管护壁的钻孔应边起拔套管边回填;对隔水有特殊要求时,可用水泥浆或4:1的水泥、膨润土浆液通过泥浆泵由孔底向上灌注回填。

12.8.4 河道管理范围内,其他特殊地质或特殊场地条件下的钻孔回填,应按钻探任务书的要求进行,并应符合有关主管部门的规定。

12.8.5 用作长期观测的钻孔应做好维护,对交通、环境、安全有影响的钻孔应按相关规定进行封孔作业。

13 钻探安全要求

13.1 一般规定

13.1.1 公路工程地质钻探前应根据钻探场地环境、钻探方法等识别危险源，制订钻探安全措施。

13.1.2 水上钻探、水平孔及斜孔钻探等特种钻探应制订安全防护预案，并应符合 GB 50585 的规定。

13.1.3 既有公路、城镇道路限界内钻探应根据有关部门要求做好安全防护。

13.1.4 夜间作业应有足够的照明设备，用电应有接零保护系统。

13.1.5 开钻前应查明钻探场地地下、空中管线，地下构筑物、障碍物，采取相应的安全措施。

13.2 场地安全要求

13.2.1 场地应整洁，钻具、工具等的摆放不应妨碍钻场作业，所有传动机构应设安全防护设施。

13.2.2 场地位于峭壁、陡坡崖脚时，宜先清除崖壁上的危岩，并设专人观察上方岩土体稳定情况。

13.2.3 在陡崖上钻探时钻场周围应设 1.0m ~ 1.5m 高的栏杆，陡崖上、下不应同时作业，不可避免时应有安全防护设施。

13.3 人员安全要求

13.3.1 钻探人员进入钻场工作应穿戴工作服、劳保鞋和安全帽等。

13.3.2 在塔架上作业时应系安全带，凡患有高血压、心脏病等不宜登高作业人员不应上塔作业。

13.3.3 严禁上班前和工作中饮酒。

13.3.4 不应跨越运转设备或从皮带上方传递物件，严禁攀登吊运物件或在吊运物件起落范围内通过或逗留。

13.4 钻探安全操作

13.4.1 钻进过程安全操作应符合下列规定：

a) 机器运转中不应进行检修或拆卸，发现异常情况需要停机时，应将钻具提至安全孔段或孔外。
b) 机器设备的仪表应保持正常运行，送水胶管和水龙头应有防缠、防坠的安全装置。
c) 开钻前应将钻具提离孔底，在孔口返回冲洗液后再钻进。

13.4.2 升降钻具安全操作应符合下列规定：

a) 升降前应检查卷扬机制动装置、离合器装置、提引器、拧卸工具等。
b) 经常检查钢丝绳质量，出现压扁、严重毛刺或有断丝时应及时更换。
c) 操作卷扬机应平稳，不应猛刹猛放，遇阻不应猛拉，应防止提引器碰撞台板、钻杆靠架。
d) 升降操作人员应与孔口的工作人员密切配合，应听清口令、看准手势后进行操作。
e) 孔口工作人员应站在钻具起落范围以外，摘挂提引器时应防止回绳碰打，抽插垫叉防止砸手，严禁用手探摸管内岩芯或攀沿钻杆上下。
f) 拧管机拧卸钻具时应插牢上、下垫叉，拧钻杆应扶正钻杆并对准丝扣，拧管机未停止转动时不应提升钻具，手离开垫叉前不应开动拧管机。

13.5 自然灾害防护

13.5.1 钻场防火应符合下列规定：

a) 严格遵守国家、地方相关护林防火法令。
b) 丛林杂草地区的钻场周围应修避火道，其宽度不应小于 5m，并配备灭火器、砂箱等灭火器具。
c) 内燃机排气管及取暖火炉烟囱不应冒火，并宜顺季节风向排烟，烟囱应伸出场房 0.5m 以上并应有隔热装置；火炉与周围物体应保持一定距离，炉座底应垫砖石或隔热板。

d) 钻场内不应用明火照明或油料生火。

e) 钻场内的油料和其他易燃品应盖严妥善存放，添加油料时严禁用明火照明或在附近吸烟。

f) 油料着火时应采用灭火器或砂土扑灭，严禁用水扑救。

13.5.2 钻场防雷、防电应符合下列规定：

a) 在落雷区或雷雨季节钻探应了解当地情况，采取预防措施。避雷针的避雷范围，视塔架、避雷针高度而定，高度在12m以上钻塔顶端应安装高出塔顶1.5m的避雷针，其钢质截面应大于100mm^2，并与钻塔绝缘良好。引下线应采用绝缘导线，其钢质截面应大于28mm^2，铝质的应大于16mm^2，引下线与钻塔及绷绳的距离应大于1m。

b) 接地装置与电机接地体、孔口管、绷绳锚杆的距离应大于3m，接地电阻良好，接地极不应埋在有垃圾、灰渣等松散地带，否则应减少接地电阻或增加接地极。

c) 防雷装置的各接点应采用焊接。

d) 有防雷装置的钻塔不应接触接地引线。

e) 在高压线附近钻探时，钻塔或金属导体的机具、物件距高压线的距离应符合表10的规定。

f) 塔架整体搬运严禁在高压线下穿行。

g) 发生触电事故时应先切断电源，使触电者脱离电源，不应用手直接去拉触电者，来不及时应采用干燥的绝缘物把电线拨离触电者。

表10 钻塔与输电线路的安全距离

输电线路电压(kV)	<1	1~10	35~110	154~220	330~500
允许最小距离(m)	4	6	8	10	15

13.6 既有公路钻探

13.6.1 既有运营线上钻探应征得交通运输部门同意，并签订安全协议。

13.6.2 在运营线上钻探时不应使用红、绿、黄三种颜色的标志旗、衣服、雨伞或其他物件。

13.6.3 在路基两侧钻探时，钻探场地应在行车安全限界以外，钻塔不应围盖塔衣。

13.6.4 在路堑边坡上钻探时，钻具及杂物不应向线路方向抛掷，弃土不应置于坡面上，钻探用水或冲洗液不应冲刷边坡。

13.7 水上钻探安全要求

13.7.1 在通航江河进行水上钻探，水上钻场和活动区域应按规定设置标志和显示信号，并应按海事管理机构的规定，采取相应安全措施。

13.7.2 钻船平台两侧应设置牢固的防护栏杆，高度不应低于1.2m，在孔口及易落水处，应设置安全网。

13.7.3 钻船上游河段弯曲、视线不良、流速过大时，应在上游适当地点设指挥站或指挥船，并由专人负责，警告航行船只及排筏。

13.7.4 遇能见度小于50m的雾、雷雨天或5级以上风时，应停止水上作业。

13.7.5 发生孔内事故时，不得强力起拔钻具，严禁在漂浮钻场上游的主锚、边锚范围内进行水上或水下爆破。

13.7.6 水上钻探工作人员作业时，应穿救生衣。应经常对施工人员进行水上施工的安全教育，并应熟悉呼救信号。

13.8 孔内事故预防和处理

13.8.1 预防孔内卡钻事故应采取下列措施：

a) 不应采用弯曲钻具，新钻头下至距孔底0.3m～0.5m时，应扫孔慢下，钻具上下畅通后方可钻进。

b) 孔内发现堵水、阻力增大或冲洗液停止循环时，应立即将钻具提离孔底1m～3m或提钻进行处理。

c) 下钻距孔底1m～2m时应减速缓降，同时开泵冲孔，待冲洗液返回地面后方可钻进。

d) 下管后粗径钻具未出套管底以前，不应使用钢粒钻进，钢粒钻进换合金钻进时应捞净孔内钢粒。

e) 钻进易膨胀缩孔的岩层，宜采用能抑制岩层水敏性的泥浆和能向上扫孔的粗径钻具，缩孔严重时应采用肋骨钻头钻进及刮刀式钻头扩孔。

13.8.2 预防孔内埋钻事故应采取下列措施：

a) 保持水泵运转良好，有足够的排水量，发现冲洗液严重漏失或冲洗液量、泵压不正常时应立即将钻具提离孔底，检查处理。

b) 发现泥浆性能变化、岩屑颗粒大、岩粉多，应立即调配泥浆、换浆或冲孔捞渣。

13.8.3 预防孔内烧钻事故应采取下列措施：

a) 钻进快而回水不畅时应多活动钻具，仍无回水且泵压增高时，应迅速提钻1m～3m检查处理。

b) 用喷反钻具和无泵反循环钻进时应使钻具水路畅通。

c) 合金钻进软质岩层时应采用大出刃或肋骨式钻头，且出水口应相应增大，并应采用大冲洗液量排除岩粉和冷却钻头。

13.8.4 处理孔内卡钻、埋钻、烧钻事故应符合下列规定：

a) 先强力开泵冲孔，严禁无故停泵。

b) 在孔壁不稳定情况下应先护壁，再处理事故。

c) 处理事故时应先采用提、窜与回转方法处理，再用顶、打、震方法，无效时应采用反、劈、磨、套、割、透等方法处理。

13.8.5 预防孔内钻具断脱事故应采取下列措施：

a) 钻具应按新旧程度分孔、分组使用，较差的钻杆宜用于孔壁稳定的浅孔或钻孔上部。

b) 扫孔、扩孔及钻进坚硬破碎岩石时应均匀加压并降低转速。

c) 发现孔内有不正常声音或蹩泵时应停钻检查，不应强行钻进。

d) 深孔钻探时宜采用润滑减阻的冲洗液和钻铤加压。

e) 应经常检查卷扬机制动装置、提引器、钢丝绳和垫叉的可靠性，不应超负荷使用。

13.8.6 处理孔内钻具断脱事故应符合下列规定：

a) 钻杆多头断脱时应先用打印器，探明情况后，再分别进行处理。

b) 钻杆贴靠孔壁或贴靠孔壁并倒入空洞内，或贴卡在孔内键槽时，应采用有导向罩、捞钩的丝锥处理。

c) 采用丝锥打捞孔内钻具时应用人力回转钻具，拧紧丝锥后立即提钻，严禁继续钻进或取芯。

13.8.7 预防孔内套管事故应采取下列措施：

a) 套管露出孔口部分应采用套管夹板夹牢，并封闭孔口管外周，多层套管时每层间的间隙应封闭。

b) 套管与钻具同时旋转时应起钻检查钻具，并加固套管，严禁用链钳或其他工具夹住套管继续钻进。

13.8.8 处理孔内套管事故应符合下列规定：

a) 采用提吊结合顶、击打、振动方法。

b) 强力起拔套管时可采用卡管器，严禁用丝锥锥紧强力顶拔。

附 录 A
(规范性附录)
岩土可钻性分级

表 A.1 岩土可钻性分级

岩土可钻性分级	岩土硬度	代表性岩土
Ⅰ	松软、松散	流塑的黏性土、软土、有机土(淤泥、泥炭、耕土),含硬杂质在10%以内的人工填土
Ⅱ	较松软、松散	软塑的黏性土、粉土,硬杂质含量在10%~25%的人工填土,粉砂、细砂、中砂
Ⅲ	软	硬塑、坚硬的黏性土,硬杂质含量在25%以上的人工填土,残积土,粗砂、砾砂、砾石、轻微胶结的砂土,石膏、褐煤、软烟煤、软白垩
Ⅳ	稍软	页岩,砂质页岩,油页岩,炭质页岩,钙质页岩,砂页岩互层,较致密的泥灰岩,泥质砂岩,中等硬度煤层,岩盐,结晶石膏,高岭土、火山凝灰岩,冻结的含水砂层
Ⅴ	稍硬	崩积层,泥质板岩,绿泥石、云母、绢云母板岩,千枚岩,片岩,块状石灰岩,白云岩,细粒结晶灰岩,大理岩,蛇纹岩,纯橄榄岩,硬烟煤,冻结的砂层、冻土层,片麻岩,粒径20mm~40mm的颗粒含量大于50%的粗圆(角)砾土,混凝土构件、砌块、路面
Ⅵ	中	轻微硅化的灰岩,方解石、绿帘石矽卡岩,钙质胶的砾石,长石砂岩,石英砂岩,石英粗面岩,角闪石斑岩,透辉石岩,辉长岩,冻结的砾石层,粒径大于40mm的颗粒含量大于50%的粗圆(角)砾土
Ⅶ		微硅化的板岩、千枚岩、片岩,长石石英砂岩,长石二长岩,微片岩化的钠长石斑岩,粗面岩,角闪石斑岩,玢岩,微风化的粗粒的花岗岩、正长岩、斑岩、辉长岩及其他火成岩、硅质灰岩,燧石灰岩,粒径大于60mm的颗粒含量大于50%卵(碎)石土
Ⅷ	硬	硅化绢云母板岩、千枚岩、片岩、片麻岩、绿帘石岩,含石英的碳酸盐岩石,含石英重晶石岩石,含磁铁矿和赤铁矿石英岩,钙质胶结的砾岩,玄武岩,辉绿岩,安山岩,辉石岩,石英安山斑岩,中粒结晶的纳长斑岩和角闪石斑岩,细粒硅质胶结的石英砂岩和长石砂岩,含大块燧石灰岩,微风化的花岗岩、花岗片麻岩、伟晶岩、闪长岩、辉长岩等,粒径大于80mm的颗粒含量大于50%卵(碎)石土
Ⅸ		高硅化的板岩、千枚岩、灰岩、砂岩,粗粒的花岗岩、花岗闪长岩、花岗片麻岩、正长岩、辉长岩、粗面岩,微风化的石英粗面岩、伟晶花岗岩、灰岩、硅化的凝灰岩、角页岩化的凝灰岩、细粒石英岩、石英质磷灰岩,伟晶岩,粒径大于100mm的颗粒含量大于50%卵(碎)石上,半胶结的卵石土
Ⅹ	坚硬	细粒花岗岩、花岗闪长岩、花岗片麻岩、流纹岩,伟晶花岗岩,石英粗面岩,石英钠长岩,坚硬的石英伟晶岩,燧石层,粒径大于130mm的颗粒含量大于50%卵(碎)石土,胶结的卵石土
Ⅺ		刚玉岩,石英岩,碧玉岩,块状石英,最坚硬的铁质角页岩,碧玉质硅化板岩,燧石岩,粒径大于160mm的颗粒含量大于50%卵(碎)石土
Ⅻ	最坚硬	未风化及致密的石英岩、碧玉岩、角页岩、纯钠辉石刚玉岩,燧石,石英,粒径大于200mm的颗粒含量大于50%的漂(块)石土
注:岩石的强风化、全风化层,可参照类似土层确定。		

附　录　B
(规范性附录)
不同等级土试样的取样工具适宜性

表 B.1　不同等级土试样的取样工具适宜性

<table>
<tr><th rowspan="3">土试样质量等级</th><th rowspan="3" colspan="2">取样工具</th><th colspan="11">适用土类</th></tr>
<tr><th colspan="5">黏性土</th><th rowspan="2">粉土</th><th colspan="4">砂土</th><th rowspan="2">砾砂、碎石土、软岩</th></tr>
<tr><th>流塑</th><th>软塑</th><th>可塑</th><th>硬塑</th><th>坚硬</th><th>粉砂</th><th>细砂</th><th>中砂</th><th>粗砂</th></tr>
<tr><td rowspan="6">Ⅰ</td><td rowspan="4">薄壁取土器</td><td>固定活塞</td><td>适用</td><td>适用</td><td>部分适用</td><td>不适用</td><td>不适用</td><td>部分适用</td><td>部分适用</td><td>不适用</td><td>不适用</td><td>不适用</td><td>不适用</td></tr>
<tr><td>水压固定活塞</td><td>适用</td><td>适用</td><td>部分适用</td><td>不适用</td><td>不适用</td><td>部分适用</td><td>部分适用</td><td>不适用</td><td>不适用</td><td>不适用</td><td>不适用</td></tr>
<tr><td>自由活塞</td><td>不适用</td><td>部分适用</td><td>适用</td><td>不适用</td><td>不适用</td><td>部分适用</td><td>部分适用</td><td>不适用</td><td>不适用</td><td>不适用</td><td>不适用</td></tr>
<tr><td>敞口</td><td>部分适用</td><td>部分适用</td><td>部分适用</td><td>不适用</td><td>不适用</td><td>部分适用</td><td>部分适用</td><td>不适用</td><td>不适用</td><td>不适用</td><td>不适用</td></tr>
<tr><td rowspan="2">回转取土器</td><td>单动三重管</td><td>不适用</td><td>部分适用</td><td>适用</td><td>适用</td><td>部分适用</td><td>适用</td><td>适用</td><td>适用</td><td>不适用</td><td>不适用</td><td>不适用</td></tr>
<tr><td>双动三重管</td><td>不适用</td><td>不适用</td><td>不适用</td><td>部分适用</td><td>适用</td><td>不适用</td><td>不适用</td><td>不适用</td><td>适用</td><td>适用</td><td>不适用</td></tr>
<tr><td rowspan="2">Ⅰ ~ Ⅱ</td><td colspan="2">束节式取土器</td><td>部分适用</td><td>适用</td><td>适用</td><td>不适用</td><td>不适用</td><td>部分适用</td><td>部分适用</td><td>不适用</td><td>不适用</td><td>不适用</td><td>不适用</td></tr>
<tr><td colspan="2">原状取砂器</td><td>不适用</td><td>不适用</td><td>不适用</td><td>不适用</td><td>不适用</td><td>适用</td><td>适用</td><td>适用</td><td>适用</td><td>适用</td><td>部分适用</td></tr>
<tr><td rowspan="6">Ⅱ</td><td rowspan="3">薄壁取土器</td><td>水压固定活塞</td><td>适用</td><td>适用</td><td>部分适用</td><td>不适用</td><td>不适用</td><td>部分适用</td><td>部分适用</td><td>不适用</td><td>不适用</td><td>不适用</td><td>不适用</td></tr>
<tr><td>自由活塞</td><td>部分适用</td><td>适用</td><td>适用</td><td>不适用</td><td>不适用</td><td>部分适用</td><td>部分适用</td><td>不适用</td><td>不适用</td><td>不适用</td><td>不适用</td></tr>
<tr><td>敞口</td><td>适用</td><td>适用</td><td>适用</td><td>不适用</td><td>不适用</td><td>部分适用</td><td>部分适用</td><td>不适用</td><td>不适用</td><td>不适用</td><td>不适用</td></tr>
<tr><td rowspan="2">回转取土器</td><td>单动三重管</td><td>不适用</td><td>部分适用</td><td>适用</td><td>适用</td><td>部分适用</td><td>适用</td><td>适用</td><td>适用</td><td>不适用</td><td>不适用</td><td>不适用</td></tr>
<tr><td>双动三重管</td><td>不适用</td><td>不适用</td><td>不适用</td><td>部分适用</td><td>适用</td><td>不适用</td><td>不适用</td><td>不适用</td><td>适用</td><td>适用</td><td>适用</td></tr>
<tr><td colspan="2">厚壁敞口取土器</td><td>部分适用</td><td>适用</td><td>适用</td><td>适用</td><td>适用</td><td>部分适用</td><td>部分适用</td><td>部分适用</td><td>部分适用</td><td>部分适用</td><td>不适用</td></tr>
</table>

表 B.1(续)

土试样质量等级	取样工具	适用土类										
		黏性土					粉土	砂土				砾砂、碎石土、软岩
		流塑	软塑	可塑	硬塑	坚硬		粉砂	细砂	中砂	粗砂	
Ⅲ	厚壁敞口取土器	适用	适用	适用	适用	适用	适用	适用	适用	适用	部分适用	不适用
	标准贯入器	适用	适用	适用	适用	适用	适用	适用	适用	适用	适用	不适用
	螺纹钻头	适用	适用	适用	适用	适用	部分适用	不适用	不适用	不适用	不适用	不适用
	岩芯钻头	适用	适用	适用	适用	适用	适用	部分适用	部分适用	部分适用	部分适用	部分适用
Ⅳ	标准贯入器	适用	适用	适用	适用	适用	适用	适用	适用	适用	适用	不适用
	螺纹钻头	适用	适用	适用	适用	适用	部分适用	不适用	不适用	不适用	不适用	不适用
	岩芯钻头	适用	适用	适用	适用	适用	适用	适用	适用	适用	适用	适用

注1:采取砂土试样应有防止试样失落的补充措施。

注2:有经验时可用束节式取土器代替薄壁取土器。

注3:三重管回转取土器的内管超前长度应根据土类不同予以调整,也可采用有自动调整装置的取土器,如皮切尔(Pitcher)取土器。

附　录　C
（规范性附录）
取芯钻具种类

表 C.1　取芯钻具种类

序号	名　　称	钻进方法	卡芯方法	适用地层
1	活塞闭水接头单管钻具	合金	干钻	黏性土，软土，中、细、粉砂及互层
2	普通单管钻具	合金、钢粒	卡料干钻	完整基岩、黏性土
3	投球式单管钻具	合金	干钻	黏性土，砂类土，松软至较软页岩、砂岩
4	活动分水投球接头单管钻具	合金	干钻	高岭土，泥页岩，黏性土
5	普通双动双管钻具	合金	干钻	松散、怕冲刷、易坍塌岩层
6	活塞式双动双管钻具	合金	干钻	怕污染的岩盐、钾盐等岩层
7	441 双动双管钻具	合金、钢粒	沉淀	中等硬度以上的硬、脆、极碎层，碎石类土
8	爪筒式双动双管钻具	合金、钢粒	爪筒爪取	稍硬至中硬多裂隙、节理发育，硬、脆、碎无胶结性岩层，碎石类土
9	隔水单动双管钻具	合金	岩芯提断器	软至中硬破碎，节理、层理发育，酥脆易流失，怕震、怕磨的岩层
10	活塞式单动双管钻具	合金	干钻	软至中硬松散、粉状、节理发育、怕污染岩层，黏性土及软黏土
11	活塞压卡式单动双管钻具	合金	卡簧	较软至中硬较完整，节理发育，呈纤维状的岩层，如白云岩、石棉等
12	球夹压卡式单动双管钻具	合金	卡簧	较软至中硬较完整，节理发育，呈纤维状的岩层，如蛇纹石化白云岩、石棉等
13	爪簧式单动双管钻具	合金	卡簧	软至中硬，软硬交替频繁薄互层，以硬为多，极软，塑性，易冲蚀的蛇纹岩等
14	YN-7 型单动双管钻具	合金	岩芯提断器	软至稍硬，硬软交替频繁互层，以软为多，断层多的岩层
15	开口式无泵钻具	合金	沉淀干钻	软至中硬，松、软、怕冲、溶蚀岩层，黏性土，砂类土，碎石类土
16	简易无泵钻具	合金	沉淀干钻	软至中硬，松、软、怕冲、溶蚀岩层，黏性土，砂类土，碎石类土
17	弯管型喷射反循环单管钻具	合金、钢粒	沉淀干钻	硬、脆、碎、节理发育的岩层
18	弯管型喷射反循环双动双管钻具	合金	沉淀干钻	较软至中硬松散、碎、脆、易磨损岩层
19	分水接头型喷反单管钻具	合金、钢粒	沉淀干钻	硬、脆、碎、节理发育的岩层
20	分水接头型喷反双动双管钻具	合金	沉淀干钻	较软至中硬松散、脆、碎、易磨损岩层
21	分水接头型喷射单动双管钻具	合金	沉淀干钻	片理发育、酥脆、易碎呈粉状岩层
22	金刚石单管或双管钻具	金刚石	卡簧	较软至最坚硬基岩，漂石，碎石类土

附 录 D
(资料性附录)
回转钻进参数

D.1 合金钻进

D.1.1 合金钻头类型应根据岩土性质、钻探技术要求等因素确定,宜符合表 D.1 要求。
D.1.2 钻压应根据岩土性质和钻头合金形状、数量、磨损程度等因素确定,宜按表 D.2 选用。
D.1.3 转速应根据岩土性质和钻头直径等,宜按表 D.3 选用。
D.1.4 冲洗液量应根据岩土性质、钻孔直径、孔壁情况、设备条件等因素,宜按表 D.4 选用。

表 D.1 钻 头 类 型

钻 头 类 型		岩土可钻性等级
磨锐式钻头	螺旋肋骨、阶梯肋骨	Ⅱ级~Ⅴ级地层
	斜角薄片、菱形薄片	Ⅰ级~Ⅳ级地层
	大八角钻头	Ⅵ级~Ⅶ级及部分Ⅷ级软硬不均弱研磨性裂隙岩石
自锐式钻头	胎块针状合金钻头	Ⅵ级~Ⅶ级中等研磨性岩石
	钢柱针状合金钻头	Ⅵ级~Ⅶ级强等研磨性岩石
	薄片合金钻头	Ⅴ级~Ⅶ级中等研磨性岩石

表 D.2 钻 进 钻 压

岩土可钻性级别	钻头合金形状	压力(kN/块)
松软~软的Ⅰ级~Ⅲ级	片状	0.5~0.6
稍软~中硬均质的Ⅳ级~Ⅵ级	方柱状	0.7~1.2
中硬致密的Ⅶ级	八角柱状	0.9~1.5
中硬耐研磨的Ⅶ级	针状合金胎块	1.5~2.0

表 D.3 钻进钻速(r/min)

岩 土 性 质	钻头直径(mm)				
	75	91	110	130	150
均质的、弱研磨性	300~350	250~300	200~250	175~200	150~175
中等研磨性	210~250	170~210	140~170	120~140	100~120
强研磨性、裂隙多	120~150	100~120	90~100	75~90	65~75

表 D.4　钻进冲洗液量(L/min)

岩土性质	钻头直径(mm)		
	75、91	110	130、150
弱研磨性、有裂隙	60～65	85～100	100～125
中等研磨性	75～85	100～135	130～150
强研磨性	85～100	100～150	150～180

D.2　金刚石钻进

D.2.1　金刚石钻头应根据岩土的可钻性等级、研磨性按表 D.5 选择。

表 D.5　金刚石钻头和扩孔器选用

岩土可钻性等级			Ⅳ级～Ⅴ级			Ⅵ级～Ⅸ级			Ⅹ级～Ⅻ级		
岩石研磨性			弱	中	强	弱	中	强	弱	中	强
人造聚晶表镶钻头			适用	适用	适用	不适用	不适用	不适用	不适用	不适用	不适用
天然金刚石表镶钻头	胎体硬度(HRC)	40～45	适用	适用	适用	适用	适用	适用	不适用	不适用	不适用
		>45	不适用	不适用	适用	适用	适用	适用	适用	适用	不适用
	粒度(粒/克拉)	15～25	适用	适用	不适用	不适用	不适用	不适用	不适用	不适用	不适用
		25～40	不适用	适用	适用	适用	适用	不适用	不适用	不适用	不适用
		40～60	不适用	不适用	不适用	适用	适用	适用	不适用	不适用	不适用
		60～100	不适用	不适用	不适用	不适用	不适用	适用	适用	适用	不适用
天然或人造孕镶金刚石钻头	胎体硬度(HRC)	20～30	适用	不适用	不适用	适用	不适用	不适用	适用	适用	不适用
		30～35	不适用	适用	适用	适用	适用	不适用	不适用	不适用	不适用
		35～40	不适用	适用	适用	适用	适用	不适用	不适用	不适用	不适用
		40～45	不适用	不适用	适用	不适用	适用	适用	不适用	不适用	不适用
		>45	不适用	不适用	不适用	不适用	不适用	不适用	不适用	不适用	适用
	粒度(目)	20～40	适用	适用	适用	适用	适用	不适用	不适用	不适用	不适用
		40～60	不适用	适用	适用	适用	适用	适用	不适用	不适用	不适用
		60～80	不适用	不适用	不适用	适用	适用	适用	不适用	适用	不适用
		80～100	不适用	不适用	不适用	不适用	适用	适用	适用	适用	适用
	孕镶		不适用	适用	适用	适用	适用	适用	适用	适用	适用

D.2.2　钻头压力应根据岩石的可钻性等级、钢粒的抗压强度、钻头直径和设备能力确定，并应为钻头的有效底唇面积乘以单位面积压力。钻头单位面积压力可按表 D.6 选用。

表 D.6　钻头单位面积压力

岩土可钻性等级	Ⅵ～Ⅶ	Ⅷ～Ⅸ
钻头单位面积压力(MPa)	2.5～3.0	3.0～3.5

D.2.3　转速应根据岩土可钻性等级、孔深、孔径、机械设备负荷和管材质量等因素确定。不同直径钻

头的转速可按表 D.7 选用。

表 D.7　钻头转速(r/min)

岩土可钻性等级	钻头直径(mm)			
	91	110	130	150
Ⅵ ~ Ⅸ	240 ~ 280	190 ~ 230	160 ~ 190	140 ~ 160

D.2.4　冲洗液量应根据岩石性质、钻头直径、冲洗液类型和投粒量确定,并应随孔底钢粒的消耗逐渐减小液量。冲洗液量可按表 D.8 选用。

表 D.8　冲洗液量(L/min)

冲洗液类型	钻头直径(mm)							
	91		110		130		150	
	回次初	回次末	回次初	回次末	回次初	回次末	回次初	回次末
泥浆	18 ~ 27	14 ~ 18	22 ~ 33	17 ~ 22	26 ~ 39	20 ~ 26	30 ~ 45	23 ~ 30
清水	27 ~ 36	18 ~ 27	33 ~ 44	22 ~ 33	39 ~ 52	26 ~ 39	45 ~ 60	30 ~ 45

D.3　钢粒钻进

D.3.1　钢粒钻头应符合下列规定:

a)　钻头材料应采用 40 号 ~ 50 号无缝钢管或经调质处理的 DZ40 ~ DZ50 地质管材制作。新钻头的规格应满足长度 450mm ~ 500mm、壁厚 9mm ~ 11mm、上部内圆锥度 1:100 的要求。

b)　钻头水口尺寸宜为:高度 120mm ~ 180mm,上宽 20mm ~ 30mm,底宽为钻头圆周长的 25% ~ 30%。水口切边形状可为单弧形、双斜边、斜弧形或双弧形。

c)　磨损后长度小于 200mm(不包括丝扣部分)的钻头不应使用,外径上下相差 3mm 或下部严重变形的钻头,应切除或更换。

D.3.2　钢粒应为直径 2.5mm ~ 4.0mm、长度与直径大致相等的圆柱体,热处理硬度 HRC 不应小于 50,用质量为 0.68t 的手锤(即 1.5 磅锤)锤击时不碎不扁的占总数 90% 以上者为合格。

D.3.3　钻头压力应根据岩石的可钻性等级、钢粒的抗压强度、钻头直径和设备能力确定,并应为钻头的有效底唇面积乘以单位面积压力。钻头单位面积压力可按表 D.9 选用。

表 D.9　钻头单位面积压力

岩土可钻性等级	Ⅵ ~ Ⅶ	Ⅷ ~ Ⅸ
钻头单位面积压力(MPa)	2.5 ~ 3.0	3.0 ~ 3.5

D.3.4　转速应根据岩土可钻性等级、孔深、孔径、机械设备负荷和管材质量等因素确定。不同直径钻头的转速可按表 D.10 选用。

表 D.10　钻头转速(r/min)

岩土可钻性等级	钻头直径(mm)			
	91	110	130	150
Ⅵ ~ Ⅸ	240 ~ 280	190 ~ 230	160 ~ 190	140 ~ 160

D.3.5 冲洗液量应根据岩石性质、钻头直径、冲洗液类型和投粒量确定,并应随孔底钢粒的消耗逐渐减小液量。冲洗液量可按表 D.11 选用。

表 D.11 冲洗液量(L/min)

冲洗液类型	钻头直径(mm)							
	91		110		130		150	
	回次初	回次末	回次初	回次末	回次初	回次末	回次初	回次末
泥浆	18 ~ 27	14 ~ 18	22 ~ 33	17 ~ 22	26 ~ 39	20 ~ 26	30 ~ 45	23 ~ 30
清水	27 ~ 36	18 ~ 27	33 ~ 44	22 ~ 33	39 ~ 52	26 ~ 39	45 ~ 60	30 ~ 45

D.3.6 投粒量应根据岩土可钻性等级、钻头直径及钢粒质量确定。一次投粒法的投粒量可按表 D.12 选用。

表 D.12 一次投粒法的投粒量

钻头直径(mm)	91	110	130	150
投粒量(kg)	1.5 ~ 3.0	2.0 ~ 3.5	2.5 ~ 4.0	3.0 ~ 4.5
注:软质岩石用低值,硬质岩石用高值。				

附 录 E
（规范性附录）
泥浆性能指标及测定方法

E.0.1 钻进各类岩层所用泥浆性能应符合表 E.1 的规定。

表 E.1 泥 浆 性 能

<table>
<tr><th>岩 层 性 质</th><th>密度（kg/L）</th><th>黏度（s）</th><th>失水量（mL/30min）</th><th>含砂率（%）</th></tr>
<tr><td>一般岩层</td><td rowspan="2">1.05～1.15</td><td rowspan="2">18～20</td><td>15 以下</td><td rowspan="5">4 以下</td></tr>
<tr><td>吸水膨胀岩层</td><td>8 以下</td></tr>
<tr><td>坍塌、掉块岩层</td><td>1.2 以上</td><td rowspan="2">20～25</td><td>10 以下</td></tr>
<tr><td>裂隙岩层</td><td>1.05～1.10</td><td rowspan="2">12 以下</td></tr>
<tr><td>涌水岩层</td><td>1.2 以上</td><td>22～28</td></tr>
</table>

E.0.2 泥浆密度的测定应采用 1002 型泥浆比重秤，测定前用纯净淡水校正仪器（读数在 1.0 处），后将泥浆注满杯中，加盖擦净，将横梁主刃口放在支架主刀垫上，移动游码，使气泡居中，游码在横梁上刻度读数即为泥浆密度。

E.0.3 泥浆黏度的测定应采用 1006 型泥浆黏度计，将 700mL 泥浆置于漏斗中，经内径 5mm 的管子，放出 500mL 泥浆所需时间（以秒计）即为泥浆黏度。

E.0.4 泥浆含砂量的测定应先注入 50mL 泥浆及 450mL 清水于泥浆量杯中，摇晃后竖直静置 3min，按刻度上沉淀数乘以 2 即为含砂量的百分数。亦可用 ZNH 型泥浆含砂量计测定。

E.0.5 泥浆失水量的测定现场宜用 1009 型泥浆失水量测定仪，需更为真实反映孔内失水量时宜用 ZNS 型泥浆失水仪，以 CO_2 气瓶或打气筒作气源，保持气压为 0.7MPa，直至见到第一滴过滤液开始计时间，到 30min 为止（当测量时间在 7.5min，失水量小于 8mL 时，可继续测到 30min，失水量大于 8mL 时，则用 7.5min 流入量筒的水量乘以 2），流入量筒中的液量即为该泥浆的失水量。

E.0.6 泥浆的 pH 值（酸度值）测定时应取一条 pH 值试纸，浸入泥浆或滤液，数秒钟后取出与标准色板相比较即可读出 pH 值。

附 录 F
（资料性附录）
钻孔现场记录表

表 F.1 钻孔现场记录表

工程名称：________________ 钻孔编号：__________ 第__页 共__页

时间：______年____月____日 至______年____月____日 中桩里程：__________

时间			回次	现场工作情况	进尺(m)			岩芯长度(m)	钻头	地层描述	备 注
自	至	计			自	至	计				

记录： 机长： 地质员：

附 录 G
(资料性附录)
钻孔岩芯编录表

表 G.1 钻孔岩芯编录表

工程名称：________________ 第__页 共__页

钻孔编号：________________ 中桩里程：__________ 日期：_____年____月____日

孔深（m）	分层层厚（m）	岩芯长度（m）	岩芯采取率（%）	岩性描述	取样	备注

编录： 校核：